Das wundervolle Buch der Winter Motive

Watercolor Schritt für Schritt

Inhaltsverzeichnis

Winterliche Accessoires

Oh du leckere Winterzeit

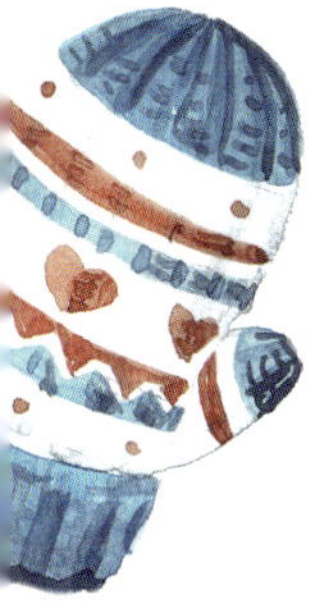

Inhalt

Winterliche Tiere

Im Winter unterwegs

Schwierigkeitsgrad

Alle Motive in diesem Buch sind mit Pinseln gekennzeichnet. Sie geben an wie anspruchsvoll das Motiv ist.

Leicht

Mittel

Anspruchsvoll

Winterliche Aquarellmotive in einfachen Schritten malen lernen

Dir begegnen in deinem Alltag überall zauberhafte Watercolor-Illustrationen und du fragst dich, wie auch du so tolle Motive erschaffen kannst?

Keine Angst – Aquarelle zu malen kann man lernen. Mit ein paar Tricks, ein wenig Übung und vielen Inspirationen wird es dir bald gelingen, die schönsten Motive zu malen.

Für Watercolor gibt es verschiedenste Materialien. Worauf es ankommt und welche Möglichkeiten du hast, zeige ich dir auf den folgenden Seiten. Mit ein wenig Übung und einer einfachen Skizze zu Beginn, kannst du bald tolle kleine Kunstwerke zaubern.

Lasse dich auf den nächsten Seiten inspirieren und genieße den Spaß mit Farbe und Pinsel. Denn Malen ist eine Leidenschaft und kein Wettkampf.

Deine Tanja

Materialien

Für Watercolor-Motive brauchst du in der Regel gar nicht viel. Zur Grundausstattung gehören:

- Bleistift und Radiergummi für die Skizzen
- Aquarellfarben
- Brush Pens
- Aquarellpapier
- Wasserglas
- Pinsel

Bleistift

Wenn du mit deinem Aquarellmotiv startest, ist eine Vorzeichnung eine große Hilfe. Eine Skizze sollte aber kein Meisterwerk sein. Sie dient dir beim Aquarellieren nur als Hilfestellung.
Für die Vorzeichnung oder das Skizzieren der Konturen wähle ich am liebsten einen harten 2H-Bleistift. Gern kannst du aber auch einen ganz normalen HB-Bleistift wählen. Hierbei spielt die eigene Vorliebe immer eine große Rolle.
Das Wichtigste bei all deinen Vorzeichnungen ist: Drücke nicht so fest auf! Radiere so wenig wie möglich, du kannst dadurch schnell dein Papier beschädigen. An diesen Stellen kann später die Aquarellfarbe verlaufen.

Pinsel

Wie sieht der richtige Pinsel aus und welche benötige ich? Die Frage ist schwer zu beantworten. Die Auswahl ist riesig. Es gibt unzählige Marken und Preisunterschiede. Den Unterschied macht immer das Material der Pinselhaare. Es gibt sie als Synthetikvariante (günstig) bis hin zu Rotmarderhaarpinseln (teuer). Wichtig ist vor allem, dass die Spitze zusammenläuft. So kannst du später selbst mit einem dicken Pinsel feine Linien malen. Ich habe lieber ein paar teurere Rundpinsel in verschiedenen Größen in meinem Sortiment, als unzählige günstige. Meine Lieblingsgrößen sind 6, 4 und 1, so kann ich schon unzählige Motive malen. Aber die Vorlieben sind verschieden – da hilft nur testen.

Aquarellfarben

Alle Projekte in diesem Buch habe ich mit zwei Farbarten gemalt. Zum einen mit den Aquarellfarben der Firma Schmincke, zum anderen mit den Brush Pens der Marke Tombow. Das sind aber nur meine Favoriten, es gibt auf dem Markt die unterschiedlichsten Hersteller von Aquarellfarben und wasservermalbaren Brush Pens.

Die Aquarellfarben von Schmincke gibt es in zwei Varianten. Du kannst sie in Tuben genauso wie in Näpfchen erwerben. Ich persönlich liebe den Farbkasten mit Näpfen. Er ist super schnell einsetzbar und du kannst ihn jederzeit überallhin mitnehmen.
Für den Einstieg in die Aquarellmalerei genügt ein Kasten mit 12 Farben. Du kannst daraus jederzeit nach Lust und Laune neue Farbtöne mischen.

Brush Pens kennen viele nur aus dem Lettering. Die Stifte funktionieren jedoch auf Wasserbasis und können hervorragend mit einem feuchtem Pinsel oder Wassertankpinsel aktiviert und vermalt werden. Wichtig ist dabei nur, dass du sie nicht auf nassen Oberflächen einsetzt. Gib die Farbe entweder direkt auf dein Papier und vermale sie dann. Oder du gibst die Farbe auf ein Tellerchen oder Folie und nimmst sie dann mit einem Pinsel auf.

Du kannst bei all deinen Illustrationen natürlich auch Brush Pens und klassische Aquarellfarben kombinieren.

Aquarellpapier

Aquarellpapier ist nicht gleich Aquarellpapier. Die Oberfläche macht den Unterschied. Es gibt Aquarellpapier in rau, mittel und feiner Struktur. Jedes Papier lässt die Farben anders wirken und je nachdem, was du zaubern möchtest, ist es wichtig, dass du dein Lieblingspapier findest. Raue Papiere eignen sich gut für lockere Aquarelle und Motive, die mit viel Wasser wirken – es verleiht deinem Bild eine tolle Struktur und lässt die Farben schön wirken. Bei feinen Oberflächen oder satiniertem Papier können deine Illustrationen detailreicher und zarter werden, da die glatte Oberfläche dich nicht an feinen Linien hindert.

Aquarellpapier hat standardmäßig eine Stärke von 200–300 g/m^2 und unterscheidet sich dadurch deutlich von Zeichen- und Kopierpapier. Durch die Stärke wellt sich dein Blatt beim Malen nicht und die Farben lassen sich leichter mit Wasser vermalen.

Um mit dem Aquarellmalen zu beginnen, reicht für den Anfang ein günstigerer Aquarellblock, der rundum verleimt ist. Bist du dann fortgeschrittener, hast du die Qual der Wahl – die Auswahl für Papierliebhaber:innen ist riesig.

Die Skizze

Nicht jede:r Künstler:in benötigt eine Vorskizze, ich persönlich finde sie aber immer sehr hilfreich. Viele Motive sind leichter zu malen, wenn wir sie mit Hilfe des Bleistifts verstanden haben. Dann können wir uns beim Malen mehr auf die Farben, Schattierungen und den Prozess des Malens konzentrieren.

Die Skizze kannst du entweder mit einem Bleistift oder auch mit einem, mit Wasser vermalbaren, Aquarellstift vorzeichnen. Hier kommt es einzig und allein auf deine Vorliebe an.

Aber zuerst ein paar nützliche Fakten über den Wunderstift aus Holz und Grafit.

Bleistifte in verschiedenen Härtegraden

Alle Bleistifte zum Zeichnen sind mit Buchstaben und oft noch zusätzlichen Zahlen gekennzeichnet. Diese geben die unterschiedlichen Härtegrade an. Die Einheit der Härtegrade wird mit den Buchstaben H und B gekennzeichnet. Hierbei steht das H für hart und das B für black = schwarz oder weich. Die vorangestellte Zahl zeigt die zunehmende Schwärze oder Härte an. Bleistiftstärken reichen von H9 (sehr hart) über HB (mittel) bis zu B9 (sehr weich) . HB liegt genau in der Mitte und bezeichnet einen mittelharten Beistift, der vielfältig einsetzbar ist.

Skizzieren mit Kreisen

Oft stehen wir schon am Anfang unserer Skizze vor einer großen Hürde. Wie bekomme ich am einfachsten sowohl schwierige als auch einfache Motive auf mein Papier? Ein einfacher Trick besteht darin, dein Motiv zuerst in einfache, geometrische Formen aufzuteilen. Das hilft dir, die Proportionen schnell zu verstehen und zu zeichnen.

Blumen zeichnen mit Kreisen

Eine Blüte ist immer kreisförmig aufgebaut. Daher helfen dir beim Zeichnen einfache Kreise. Je nach Blickwinkel verändert sich der Kreis zu einem Oval.

Tiere zeichnen mit Kreisen

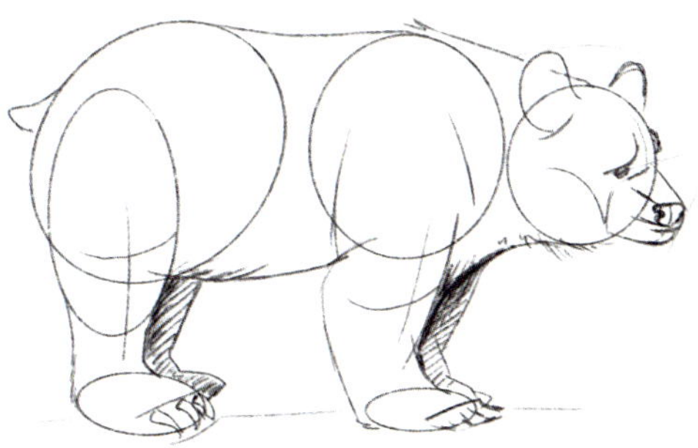

Der Bär besteht aus drei größeren Kreisen – einer für den Kopf, der zweite für die Brust und der dritte für den Rumpf. Die Beine werden erst zum Schluss hinzugezeichnet und auch hier kannst du Kreise, beziehungsweise Ellipsen einsetzen.

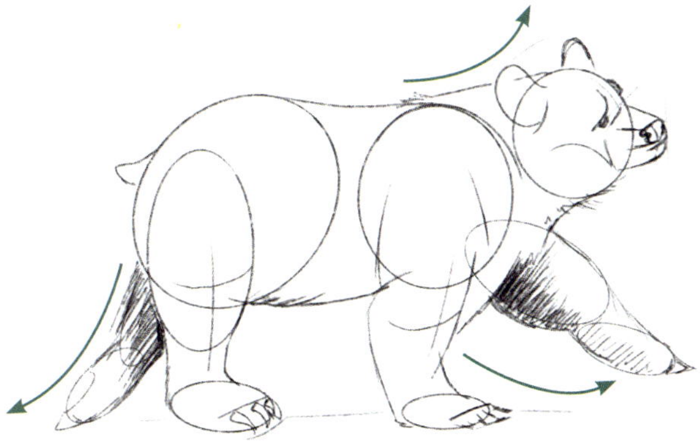

An den Stellen, wo die Kreise sich berühren, entsteht in der Realität Bewegung. Möchtest du deinen Bären bewegen, musst du nur die Kreise verschieben.

Malen mit Aquarell

Transparenzen schaffen

In der Aquarellmalerei kannst du mit verschiedenen Techniken unterschiedlichste Effekte hervorrufen.

Das menschliche Auge hat gelernt, dass Dinge, die im Vordergrund liegen, oft klarer, detaillierter und farblich kräftiger sind. So kannst du mit Hilfe von transparenten Farben Dinge in den Vordergrund oder Hintergrund rücken.

Du kannst beim Aquarellieren Farben und Gegenstände entweder mit wenig Farbe und viel Wasser leichter und durchsichtiger malen, sodass sie im Hintergrund liegen. Oder du erzeugst mit wenig Wasser und viel Farbe leuchtendere Farben und schenkst ihnen so mehr Aufmerksamkeit.

Das Beispiel zeigt dir, was gemeint ist. Die Bäume, die zunächst mit viel Wasser und wenig Farbanteil gemalt wurden, wirken, als lägen sie im Hintergrund.

Beginne bei der Technik immer mit den transparenten Flächen und füge die leuchtenden Farben nach dem Trocknen hinzu.

Weißräume zulassen

Anders als bei anderen Materialien, gibt es in der Aquarellmalerei die Farbe Weiß nicht. Aber viele Motive brauchen für eine spannende Licht-und Schattenwirkung weiße Flächen.

Nur - wie male ich Weiß ohne weiße Farbe? Ganz einfach: Wir nutzen hier die Farbe unseres Papiers und lassen Flächen unbemalt einfach stehen. Das erfordert auch eine gewisse Planung deines Motivs. Arbeite deshalb immer von Hell nach Dunkel.

Zudem wirken viele Motive einfach lockerer und schöner, wenn du nicht alle Flächen komplett ausmalst, sondern Stellen definierst, an denen keine Farbe sein soll.

So kannst du zum Beispiel auch einzelne Elemente ganz einfach voneinander trennen.

Weiße Objekt wie diese Tasse leben nur von leichten grauen Schatten. Hierbei bleibt der Großteil der Tasse völlig farblos. Die Form entsteht nur durch die Schatten und das Muster.

Lavieren und Lasieren

Spiel mit dem Farbfluss

Das schönste an Watercolor ist die Art, wie die Pigmente fließen. Es ist fast nie vorhersehbar, wie sich ein Farbton entwickelt. Vermischen sich die Farben, entstehen auf dem Papier neue Farben oder es bilden sich beim Trocknen neue Strukturen. Je nachdem, wie du mit der Kombination aus Farbanteil und Wasser spielst, erhältst du jedes Mal ganz unterschiedliche Ergebnisse.

Man unterscheidet in der Aquarellmalerei nur zwei Maltechniken: Lavieren und Lasieren. Beim Lavieren geht es darum, die Farben spielen zu lassen und dem Zufall Spielraum zu geben. Dafür beginnst du, dein Papier mit einem sehr transparenten Farbton, also viel Wasser und wenig Farbe, anzufeuchten und gibst dann mehr Farbe in die feuchte Fläche.

Lasieren
Schicht für Schicht malen

Die zweite Methode ist das schon erwähnte Lasieren. Bei dieser Technik legst du über eine bereits trockene Farbfläche eine zweite, mit Wasser leicht verdünnte Farbschicht. So entstehen Überlagerungen und die untere Farbschicht scheint noch hindurch.

Wichtig dabei ist immer, dass die untere Farbschicht vollständig getrocknet ist, damit sich die Farben nicht ungewollt vermischen.

Aquarell mit Stiften

Brush Pens - Aquarellstifte

Viele kennen die Brush Pens als wasserbasierte Pinselstifte aus dem Lettering. Doch auch kleine Illustrationen gelingen mit ihnen hervorragend.

Du hast dabei drei Möglichkeiten, Brush Pens anzuwenden:

Du kannst direkt mit den Stiften auf das Aquarellpapier malen. Achte darauf, ein satiniertes, glattes Aquarellpapier zu verwenden, um deine Stiftspitzen nicht zu zerstören.

Bei Möglichkeit 2 verwendest du Brush Pens wie Aquarellfarben. Hierfür gibst du mit dem Stift ein wenig Farbe auf einen Teller oder eine Folie. Danach kannst du sie mit einem feuchten Pinsel aufnehmen und dein Motiv malen.

Die letzte Variante ist die Kombination mit anderen Aquarellfarben. So kannst du zum Beispiel mit einem Brush Pen feine Details in dein Aquarellmotiv einfließen lassen. Die Spitze der Brush Pens ist oft fester als eine Pinselspitze und die Farbe läuft gleichmäßig aus dem Stift. Für alle drei Varianten ist wichtig, dass du einen feuchten Pinsel verwendest, der die Farben aktiviert und verblenden lässt. Hierfür kannst du auch gerne einen Wassertankpinsel zu Hand nehmen.

Acht immer darauf, dass du alle Flächen mit Wasser aktivierst, dann tritt der Aquarelleffekt schön deutlich hervor.

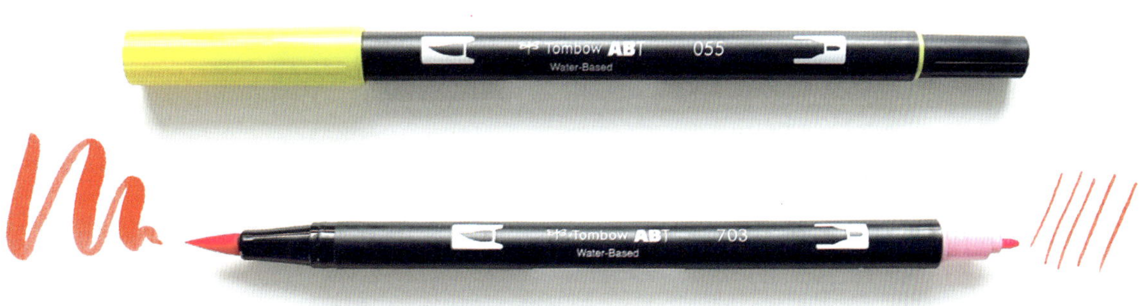

Durch die flexible Pinselspitze kannst du je nach Druck entweder feine oder dicke Linien malen.

Die feine Spitze ist wie eine typische Filzstiftspitze. Sie eignet sich perfekt für Details und Linien.

= leicht

= mittel

= anspruchsvoll

Winterliche Accessoires

Glöckchen

1

Skizziere die Glöckchen mit Hilfe von drei Kreisen vor.

2

Male mit den Brush Pens die dunkelsten Stellen direkt auf dein Papier. Spare die Stellen aus, die später hell sein sollen.

3

Verblende die Farben mit einem Pinsel und klarem Wasser. Beim Farbwechsel den Pinsel gut auswaschen.

Die Glöckchen gut trocknen lassen und danach mit dunkleren Brush Pens die Schatten verstärken.

4

5

Verblende die Schatten wieder mit Pinsel und klarem Wasser und male mit einem Fineliner die Schnüre hinzu.

Handschuhe

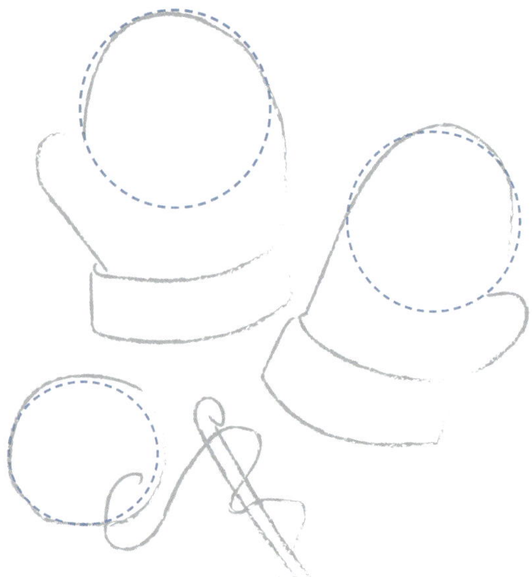

1

Skizziere die Handschuhe leicht mit Bleistift vor. Beginne mit zwei Kreisen für die Handschuhe und einem dritten für das Wollknäuel.

2

Male mit einem hellen Grau die Schatten der Handschuhe. Nimm mehr Farbe für die Stellen, die später im Schatten liegen sollen.

3

Färbe das Wollknäuel in einem hellen Bau und male den Handschuhen die ersten Muster in der gleichen Farbe. Gib der Häkelnadel noch einen schönen Farbton und verbinde die Nadel mit dem Knäuel.

4

Erweitere das Muster der Handschuhe noch mit ein paar roten Elementen und deute mit feinen, dunkelblauen Linien die einzelnen Fäden des Wollknäuels an.

5

Zeit für den Feinschliff: Arbeite mit mehr Farbe und feinen Linien die Details aus und verstärke Schattierungen.

Christbaumkugeln

1 Zeichne dir zwei, sich überschneidende Kreise mit Bleistift vor. Ergänze im Anschluss die Details der Kugeln und den Zweig.

2 Male mit einem hellen Grau die Schatten der Kugeln und lass sie gut trocknen.

3 Male mit Grün und Rot dekorative Streifen auf deine Kugeln. Ergänze den Ast mit einem hellen Braunton. Sobald die Streifen der Kugeln gut getrocknet sind, kannst du mit einem hellen Gelb die Halterungen hinzumalen.

4 Mit einem feinen Pinsel und einem hellen Grün kannst du jetzt die ersten Nadeln an deinen Zweig malen. Verstärke danach die Farben deiner Kugeln, um Schatten und Highlights zu erzeugen.

5 Füge mit einem dunkleren Grünton noch mehr Nadeln hinzu und arbeite den Ast und die Kugeln noch weiter aus.

Sternanhänger

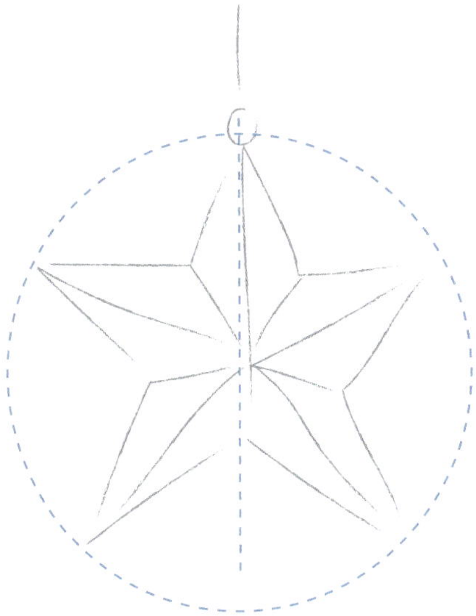

1

Bei der Konstruktion des Sterns hilft dir ein großer Kreis. Zeichne darin eine Mittellinie vor und konstruiere den Stern mit seinen fünf Zacken in den Kreis.

2

Male immer abwechselnd jede zweite Fläche des Sterns in einem schönen Gelbton aus.

3

Nach dem Trocknen kannst du die restlichen Flächen des Sterns malen. Mische in die noch feuchten Flächen ein wenig Orange hinein, um die Schatten zu erzeugen.

4

Male zum Schluss noch den Haken und das Bändchen deines Sterns. Und füge mit einem warmen Braunton und einem feinen Pinsel noch ein paar harte Kanten für mehr Natürlichkeit hinzu.

Geschenke

1

Zeichne die Geschenke leicht mit Bleistift vor. Achte dabei auf die Perspektive deiner Rechtecke.

2

Male das erste Geschenk. Grundiere dafür die Fläche mit einem, mit Wasser verdünnten, Blau vor. Trage nach dem Trocknen eine zweite Schicht mit mehr Farbe auf, um die Kanten und Falten des Papiers anzudeuten.

3

Male das zweite Päckchen in einer schönen Farbe an. Spare die Schleife aus.

4

Nach dem Trocknen kann jetzt auch das dritte Geschenk koloriert werden.

5

Male die Schleifen für die Geschenke in hübschen Farben an und achte auf Licht und Schatten.

6

Zeit für die Details: Durch klare Linien und mehr Farbe für die Schatten erscheinen die Geschenke noch realistischer.

Schleife

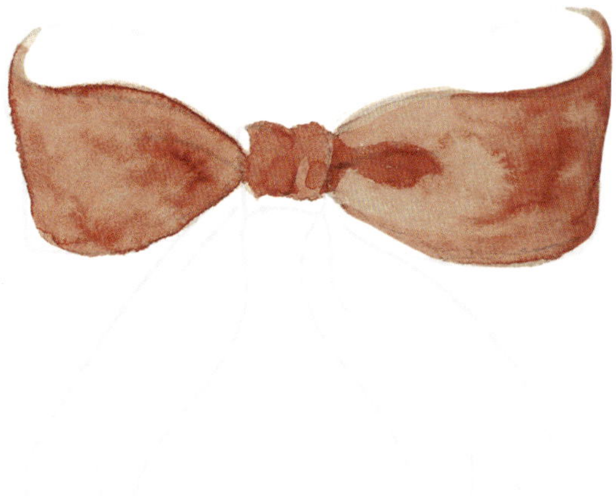

2 Grundiere die ersten Flächen der Schlaufen mit einem, mit Wasser verdünnten, Rotton.

1 Zeichne die Schleife leicht mit Bleistift vor. Beginne die Vorzeichnung mit dem Knoten in der Mitte, ergänze die Schlaufen und zum Schluss die Enden der Schleife.

4 Verstärke durch eine weitere rote Farbschicht die Schatten deiner Schleife.

3 Wenn die Flächen gut getrocknet sind, kannst du die restlichen Elemente rot färben. Spiele hier mit dem Farbauftrag, mehr Farbe sorgt für mehr Schattierungen.

5

Begradige Kanten, verblende Wasserränder mit einem leicht feuchten Pinsel und verstärke Schatten mit einem dunklen Braunton.

Schneeglocke

Beginne die Skizze mit dem Sockel. Hierbei helfen dir für die Perspektive zwei Ellipsen. Ergänze danach die Glocke und erst zum Schluss das Häuschen.

1

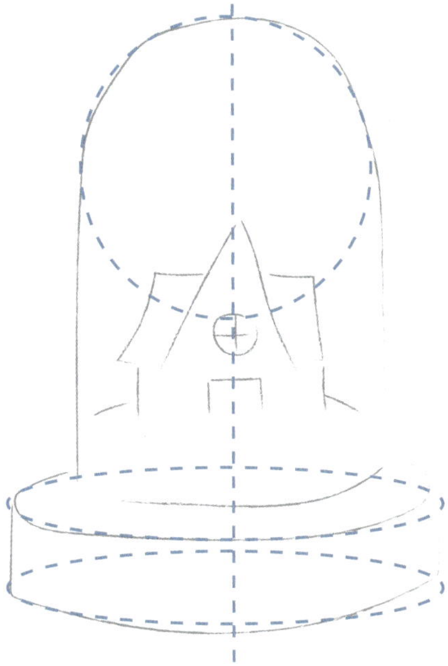

2

Male die Glasglocke in einem hellen Blauton. Starte mit viel Wasser und reduziere dann den Wasserauftrag, um dunklere Stellen am Rand der Glocke zu erzeugen.

Mische dir einen schönen Braunton für die Baumrinde an. Grundiere die ganze Fläche mit einer, mit Wasser verdünnten, Farbe und tupfe in die feuchten Stellen links und rechts mehr Braun hinein, um Schatten zu erzeugen. Gib auch dem Häuschen das Braun als Basisfarbe.

3

4

Lass alles gut trocknen und schmücke dann das Innenleben der Glocke noch mit Tannenbäumen aus. Fülle das Fenster mit Blau und gib der Haustüre eine Farbe.

5

Male mit Blau noch ein paar Flocken, verziere das Holzbrett für die Struktur mit ein paar Strichen und deute die hölzerne Wand der Hütte mit einem feinen Pinsel an.

Schlittschuhe

1

Skizziere die Schlittschuhe leicht mit Bleistift vor. Beginne mit dem Schuh im Vordergrund. Zeichne zwei Kreise für die Ferse und die Schuhspitze.

2

Mische dir einen warmen Beigeton an und male die Schattierungen der Schlittschuhe. Lasse anschließend alles gut trocknen.

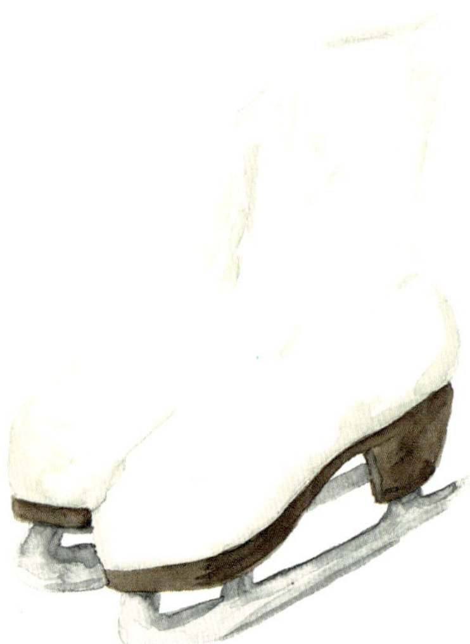

3

Male in Braun die Sohlen der beiden Schlittschuhe und lass sie gut trocknen, bevor du mit einem hellen Grau die Kufen ergänzt.

4

Mische dir einen kühlen Blauton an und beginne mit einem mit Wasser verdünnten Farbton die Schnürsenkel zu grundieren. Gib Schicht für Schicht mehr Blau hinzu, um Schattierungen zu erzeugen. Arbeite die Ösen der Schuhe mit Grau aus.

5
Verstärke mit mehr Farbe die Schatten und male mit einem feinen Pinsel noch Nähte und Strukturen hinzu.

Christbaumexpress

1

Starte deine Skizze mit einem Viereck für den Bus und zwei Kreisen für die Reifen. Ergänze danach die Details und das Bäumchen auf dem Dach.

Grundiere den unteren Teil des Busses in einem schönen Rotton. Mische danach einen Blauton an und male die Schatten der Fenster.

2

3

Verblende mit einem feuchten Pinsel die Übergänge der Fenster. Grundiere die Reifen mit einem leicht verdünnten Schwarzton und deute die ersten Zweige des Bäumchens an. Färbe den oberen Bereich des Busses mit Beige ein.

Füge weitere rote Farbschichten hinzu, um die Schattierungen zu verstärken. Mische deinem Rot dann noch ein wenig dunkles Braun bei für die Schatten zwischen den Türen. Male im Anschluss mit einem feinen Pinsel und mit einem dunklen Braunton noch feine Details und Schattierungen in die beigefarbenen Elemente deines Busses.

4

5 Verblende mit einem feuchtem Pinsel das Bäumchen und ergänze noch ein paar Schattierungen und Zweige. Fertig ist dein Christbaumexpress!

Weihnachtspost

1

Zeichne zuerst das Kuvert leicht mit Bleistift vor. Hierbei helfen dir ein Viereck und ein Dreieck für die Lasche. Fülle das Kuvert mit Zuckerstangen, Blättern, Geschenken und Plätzchen.

2

Mische einen schönen Beigeton an und grundiere damit alle sichtbaren Elemente deines Kuverts. Verwende den gleichen Farbton auch für die Plätzchen. Spare hier die Stellen für den Zuckerguss aus.

3

Male mit einem schönen Orange- und Blauton die Geschenke vor, spare dabei die Schleifen aus. Wenn du magst, kannst du die Briefmarke in der gleichen Farbe malen wie eines der Geschenke. Deute danach mit einem hellen Grau die Schatten der Zuckerstangen leicht an.

4

Wenn alle feuchten Stellen gut getrocknet sind, färbst du die Blätter in unterschiedlichen Grüntönen. Mische dann einen schönen Rotton an und male die Schleife des ersten Geschenks, die Streifen der Zuckerstangen und die Beeren.

5

Füge mit einem dunkleren Grünton ein paar Tannenzweige hinzu. Male mit einem hellen Grau die Schatten des Zuckergusses auf den Plätzchen. Gib der zweiten Schleife eine hübsche Farbe und färbe die Sterne auf dem Kuvert bunt.

6

Hübsche die Geschenke mit einfachen Mustern auf. Ergänze die Blattadern der Blätter mit einem dunkleren Farbton und beschrifte die Briefmarke mit einem feinen Pinsel.

7 Verziere das Kuvert noch mit ein paar Punkten, arbeite mit mehr Farbe die Schattierungen aus und gib den Keksen noch mehr Farbe und Konturen – fertig ist dein hübscher Weihnachtsgruß.

Nussknacker

1

Zeichne den Nussknacker leicht vor. Einfache Formen wie ein Kreis und zwei Trapeze helfen dir bei der Form.

2

Mische dir ein schönes Rot und Grün an und male die ersten Flächen farbig.

3

Mische dir, mit Gelb und ein wenig Braun, einen schönen Goldton. Grundiere damit alle Flächen, die später goldfarben wirken sollen.

4

Male mit Schwarz die Pupillen der Augen, den Gürtel, die Schuhe und arbeite den Bart aus.

5

Widme dich den Details. Begradige Linien, verstärke mit mehr Farbe Schatten und Details – fertig ist dein Nussknacker!

Schneekugel

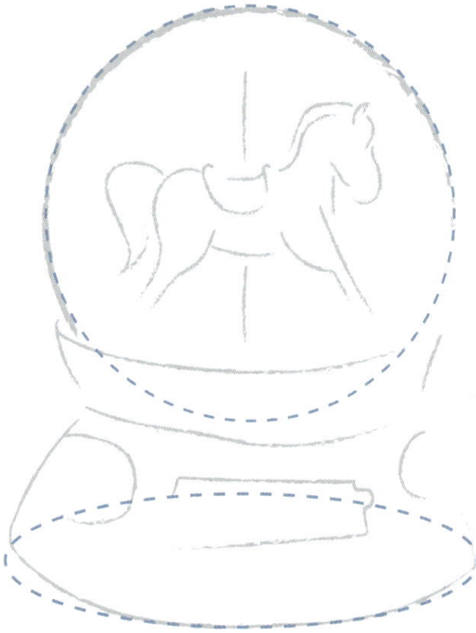

1

Skizziere dir deine Schneekugel leicht mit Bleistift vor. Beginne mit einem Kreis für die Kugel und einer Ellipse für den Boden.

Male in einem hellen Blau die Kontur der Kugel und verblende sie nach innen. Lass alles gut trocknen und grundiere dann den Boden der Schneekugel mit einem schönen Rotton.

2

3

Male das Pferdchen mit einem hellen Braunton, verwende dabei mehr Farbe für die Stellen, die im Schatten liegen. Fülle die Sterne und das Schild mit Gelb.

Ergänze in Braun den Sattel, die Hufe und das Halfter des Pferdchens. Schmücke die Stange mit roten Streifen und gib dem Boden des Sockels einen Zuckerstangenrand.

4

5

Verstärke Licht und Schatten durch den Einsatz von mehr Farbe. Verfeinere mit einem feinen Pinsel die Linien und Details. Um das Motiv abzurunden, kannst du noch einen schönen Spruch dazuschreiben.

Schlitten

1

Zeichne deinen Schlitten leicht mit Bleistift vor. Beginne mit der Form des Schlittens und befülle ihn erst im Anschluss mit Kugeln und Geschenken.

2

Male den Schlitten in einem schönen Blau aus. Achte bereits beim Farbauftrag auf Schatten und spare die Sterne aus.

3

Male mit einem hellen Gelbton die Kufen, den Rand des Schlittens und die Hängerchen der Christbaumkugeln vor.

4

Färbe die erste Christbaumkugel blau. Male dann eine zweite Schicht Blau hinzu, um Schatten zu erzeugen. Färbe eines der Geschenke im gleichen Farbton ein und gib einem anderen Geschenk ein helles Beige.

5

Lass alle Flächen gut trocknen und male die restlichen Geschenke und die Kugel in unterschiedlichen Rottönen an.

6 Schmücke dein Motiv mit Schatten und Highligts aus. Alle gelben Flächen bekommen braune Schatten, alle blauen Elemente kannst du mit einem dunkleren Blau und die roten Stellen mit einem warmen Braunton abdunkeln.

= leicht

= mittel

= anspruchsvoll

Oh du leckere Winterzeit

Zuckerstange

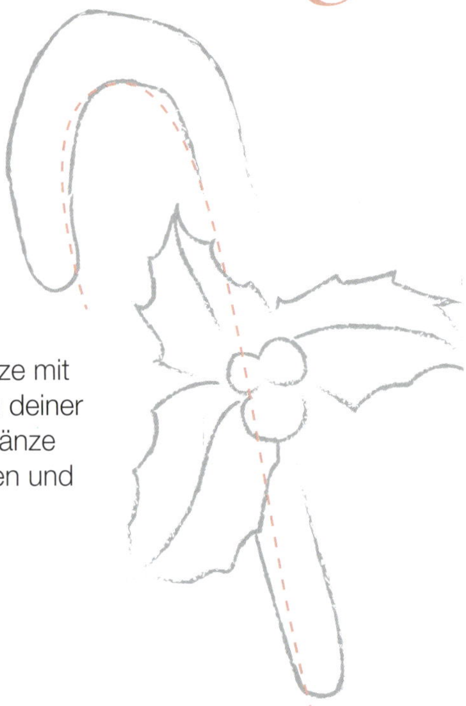

1

Starte bei der Skizze mit dem ersten Bogen deiner Zuckerstange. Ergänze danach den zweiten und die Blätter.

2

Male mit einem hellen Grau die Schatten deiner Zuckerstange.

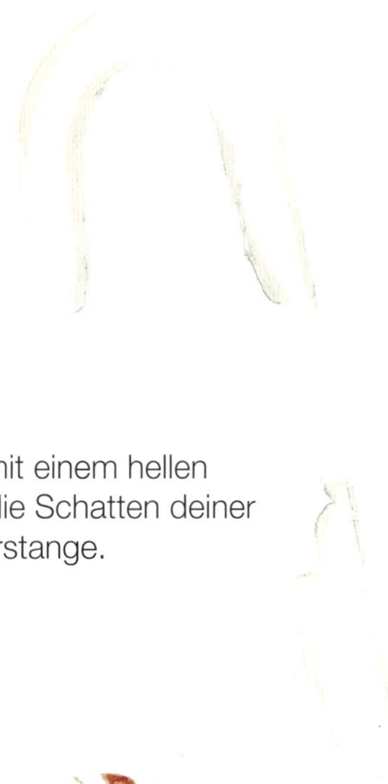

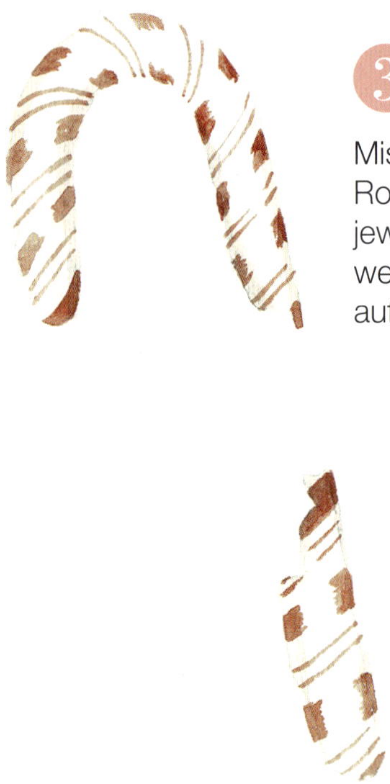

3

Mische dir einen hübschen Rotton an und beginne jeweils innen und außen ein wenig Rot für die Streifen aufzutragen.

4

Wasche den Pinsel mit klarem Wasser aus und verblende die einzelnen Streifen. Wasche den Pinsel zwischen den jeweiligen Streifen regelmäßig aus. Lass alles gut trocknen und koloriere anschließend die Blätter und Beeren.

5

Verstärke die Schatten der Zuckerstange mit einem lasierenden Grau und arbeite die Blätter und Beeren noch aus.

Leckere Plätzchen

1

Starte dein Plätzchenmotiv mit einer leichten Bleistiftskizze. Zeichne zuerst die einzelnen Plätzchen und schmücke erst im Anschluss das Motiv mit der Schleife und dem Band, das sich um die Kekse schlängelt.

2

Mische dir auf einer Palette zwei unterschiedliche Brauntöne für die Kekse an. Beginne mit dem dunkleren die ersten Plätzchen zu malen. Spare die Flächen für den Zuckerguss aus und achte darauf, dass die Farbflächen nicht zusammenlaufen. Gib der Farbe nach jedem Keks Zeit, gut zutrocknen.

3

Male in einem hellen Braunton die zwei letzten Plätzchen. Spare die Herzen für die Marmelade aus und grundiere das Schleifenband in einem hellen Blauton.

4

Befeuchte die Herzen der Plätzchen mit klarem Wasser und tupfe nass in nass rote Farbe hinein. Achte jetzt schon auf Schatten und lass helle Stellen für die Highlights oder Lichtreflexionen stehen.

5

Verstärke Licht und Schatten bei allen Plätzchen, indem du mehr Farbe und weniger Wasser verwendest. Deute die Teigstrukur durch kleine Flecken und Punkte an und male neben alle Zuckergusselemente Schlagschatten in Dunkelbraun.

6

Male die Schatten der Zuckergusselemente. Achte drauf dass du die gleiche Richtung für die Schatten wählst wie bei den Plätzchen.

7 Arbeite im letzten Schritt noch das Schleifenband aus. Verstärke die Schatten durch zusätzliches Blau und ziehe mit einem feinen Pinsel noch klare Linien und Kanten.

Lebkuchenmännchen

Skizziere dein Lebkuchenmännchen leicht vor. Starte mit zwei Kreisen für Kopf und Körper und ergänze danach die Details.

1

Mische dir einen schönen Braunton für den Teig an. Verdünne einen Teil davon mit Wasser und grundiere die ersten Flächen.

2

Grundiere nach dem Trocknen die Mütze und den Pulli mit einem wässrigen Blauton vor.

3

Färbe den Schal in Grün und gib der Zuckerstange feine rote Streifen. Anschließend male mit Blau die ersten Schatten in Mütze und Pullover.

4

A **Plätzchen** A DAY KEEPS THE WEIHNACHTSSTRESS **away**

5 Schmücke dein Lebkuchenmännchen mit Details, Schatten und mehr Farbe aus.

250 g Zucker
80 g Wasser
750 g Honig
2 Eigelbe
1 Ei
2 Päckchen Vanillezucker
8 g gemahlene Nelken
8 g gemahlener Kardamom
4 g gemahlene Muskatnuss
600 g Roggenmehl
600 g Weizenmehl
12 g Hirschhornsalz
5 g Pottasche
120 ml Milch
30 g Zimt
Omis Ausstecher
Lebkuchen
Omas Lieblings Rezept
Für den Zuckerguss
- Zucker mit Wasser und Honig aufkochen.
- Die zwei Mehlsorten mischen
- Eier und Gewürze schaumig schlagen
- Alles gemeinsam glatt rühren
- Pottasche und Hirschhornsalz in jeweils 50 ml Milch auflösen
- Milch nach und nach zu Teig geben
- eine Nacht kühl stellen
- Ofen auf 160 °C aufheizen
- Teig ausrollen
- Lebkuchen ausstechen
- 10 – 15 Minuten backen

Nudelholz

1 Zeichne dein Nudelholz leicht mit Bleistift vor.

2 Färbe die Walze des Nudelholzes in einem hellen Braunton.

3 Nach dem Trocknen bekommen auch die Griffe Farbe.

4 Deute in einem dunklen Braunton die Holzmaserung an und arbeite die Schattierungen aus.

Kochlöffel

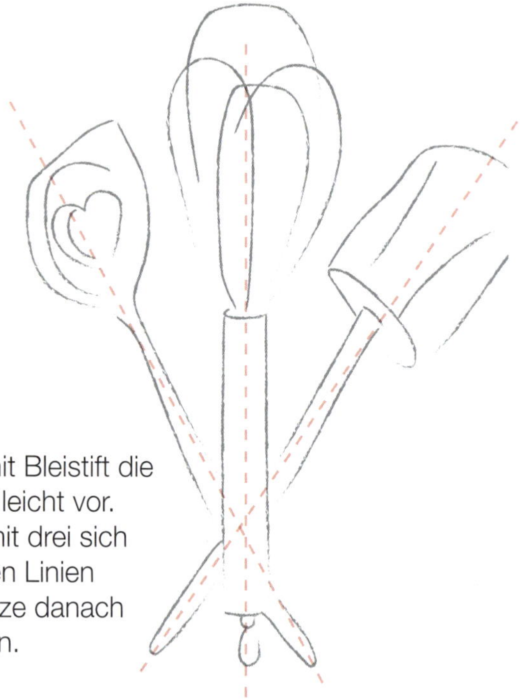

1

Zeichne mit Bleistift die Kochlöffel leicht vor. Beginne mit drei sich kreuzenden Linien und ergänze danach die Formen.

2

Mische dir ein schönes Holzbraun an und färbe die Stiele der Kochlöffel.

3

Grundiere mit einem lasierenden Beigeton den Teigschaber und male mit Grau den Schneebesen.

4

Arbeite mit einem dunkleren Braunton die Schattierungen aus und schmücke dein Motiv mit Details aus.

Spritzbeutel

Zeichne dir den Spritzbeutel leicht mit Bleistift vor. Kreise helfen dir, die Form zu verstehen.

1

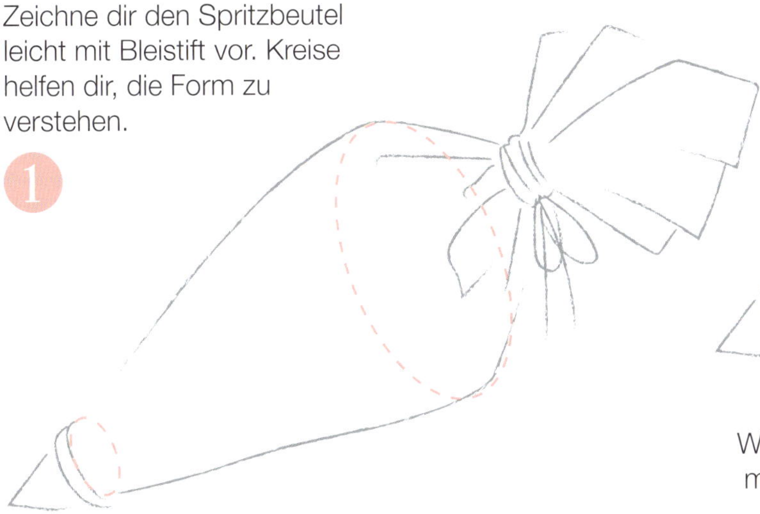

2

Befeuchte den ganzen Spritzbeutel mit klarem Wasser und tupfe Blau in die feuchte Fläche. Gib mehr Farbe in die Stellen, die im Schatten liegen und weniger dort, wo das Licht hinfällt.

Male in einem hellen Grau die Metallkappe und arbeite mit mehr Farbe die Schatten und Falten des Beutels aus.

3

4

Lass alle Flächen gut trocknen und deute mit Braun ein Bändchen an, das den Beutel verschließt.

Küchenmaschine

Skizziere die Küchenmaschine leicht vor. Um die Form leichter zu finden, kannst du sie erst in einfache Formen aufteilen und dann ordentlich nachzeichnen.

1

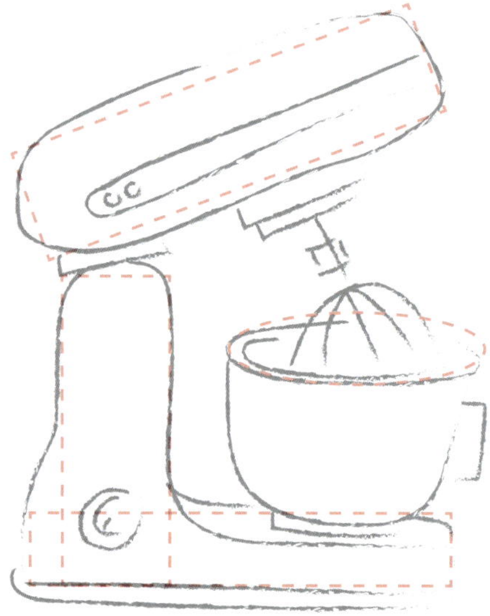

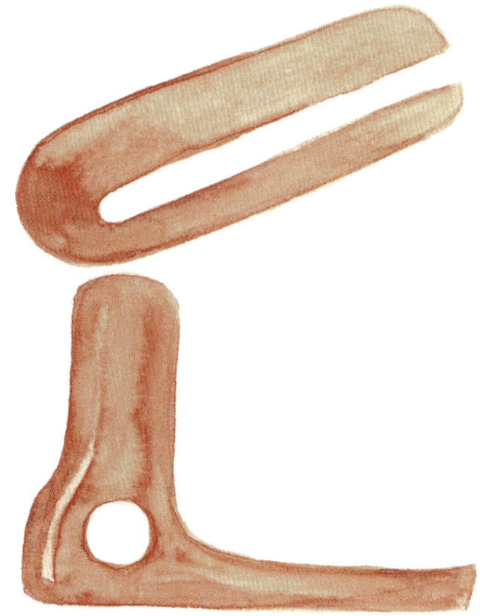

2

Grundiere alle Flächen der Küchenmaschine in einem mit Wasser verdünnten Farbton vor.

Male die Rührschüssel in einem hellen Grau, verwende verdünnte Farbe für die Highlights und mehr Farbe für die Schattierungen.

3

4

Verstärke die Farben, ergänze Details mit feinen Linien und arbeite Knöpfe und Schneebesen aus.

Plätzchenausstecher

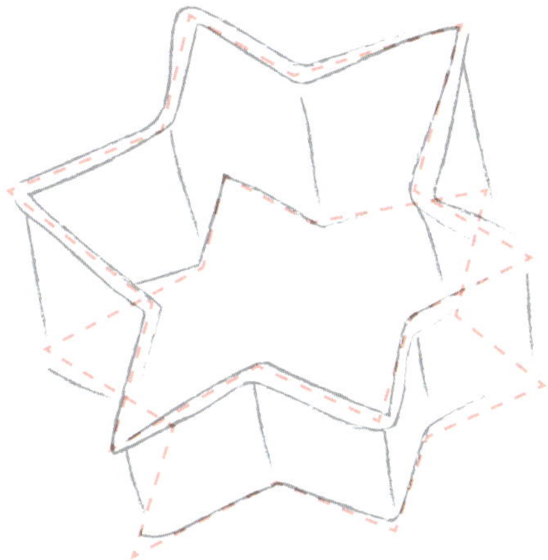

1

Zeichne als erstes den Stern einmal vor.
Ergänze einen zweiten, nach unten versetzten Stern und verbinde die Kanten miteinander.

2 Mische dir einen schönen Grauton mit einem Hauch von Blau an. Diese Farbe, mit Wasser verdünnt, ist perfekt, um die ersten Schattierungen zu malen. Achte jetzt schon auf den Lichteinfall und lege für die Schatten mehr Farbschichten übereinander.

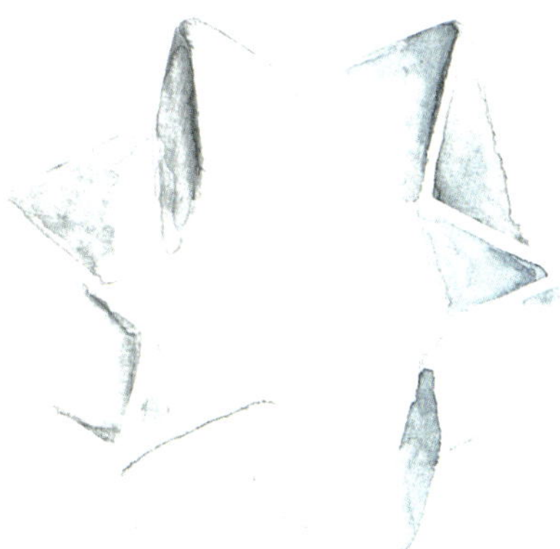

3

Male danach die Außenkanten des Förmchens und spare den Rand aus. So sorgst du dafür, dass es später wie eine Lichtkante wirkt.

4 Zeit für den Feinschliff. Betone mit mehr Farbe die Schatten, begradige mit einem feinen Pinsel die Kanten und Details.

Teekännchen

1

Skizziere dir die Kanne leicht mit Bleistift vor. Bei der Perspektive und der Form helfen dir ein großer Kreis für die Kanne und zwei Ellipsen für den Boden und den Deckel.

2

Starte mit einem schönen Rot für den Deckel, den Hals der Kanne und den Boden.

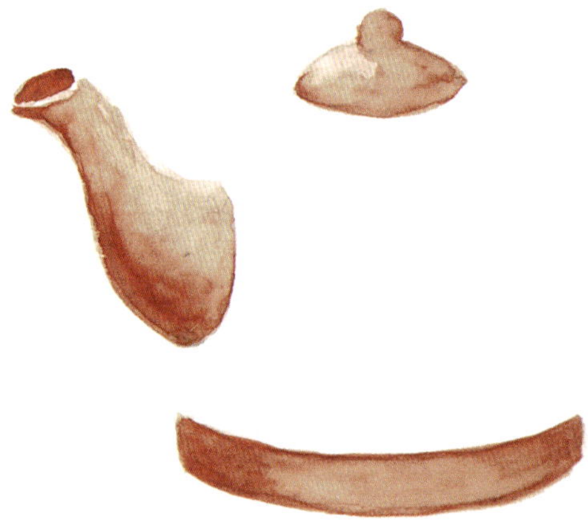

3

Mische dir einen hellen Cremeton und färbe den Wollüberzug der Kanne ein.

4

Male dunklere Streifen auf deine Kanne, um die Struktur des gestrickten Wollüberzugs anzudeuten.

5

Schmücke dein Motiv zum Schluss mit mehr Details, feinen Linien und mehr Licht und Schatten aus.

Zimtstangen

1

Skizziere die Zimtstangen leicht mit Bleistift vor und achte auf die Perspektive.

2

Radiere die Bleistiftstriche leicht weg und grundiere die ersten Stangen mit einem warmen Braunton.

3

Male die letzte Zimtstange hinzu und gib der Schleife eine Farbe.

4

Zeit für die Schattierungen. Male mit einem dunklen Braun feine Linien, um Schatten zu erzeugen. Durch die Linien wirkt die Oberfläche der Zimtstangen natürlich.

5

Male zuletzt der Schleife einen Schatten und deute durch feine Linien die Kordelstruktur an.

Lebkuchenhäuser

1

Zeichne mit Bleistift leicht deine Lebkuchenhäuser vor. Beginne mit dem Haus in der Mitte und zeichne nach und nach die weiteren Details wie Häuschen und Bäumchen hinzu.

2

Mische dir auf deiner Palette einen schönen Braunton für alle Lebkuchenoberflächen an. Starte mit dem Häuschen in der Mitte und fülle nach und nach die Flächen.

3

Wenn dein Motiv getrocknet ist, malst du die restlichen Lebkuchen hinzu. Häuschen, die im Hintergrund liegen, heben sich besser ab, wenn sie einen dunkleren Farbton haben – mische hier noch ein bisschen mehr Braun hinzu.

4

Färbe die Fenster in einem warmen Gelb. Deute den Zuckerguss durch graue Schatten an und male alle weiteren Elemente, wie den grünen Zuckerguss der Bäumchen, Streusel und Bonbons hinzu.

5

Koloriere die Fensterläden, die Haustüre und die Streifen der Zuckerstangen in einem schönen Rotton. Bei der Dekoration kannst du dich frei austoben. Mach das Motiv zu deinem Motiv.

6

Jetzt sind alle Flächen farbig ausgeführt. Das heißt, nun geht es an die Schatten. Male mit einem dunkleren Braun Schattierungen auf deine Lebkuchen. Achte drauf, dass die Schatten immer auf der gleichen Seite sind.

7 Verstärke zum Schluss noch die Schattierungen an den weißen Stellen.

Heiße Schokolade

1

Skizziere die Tasse vor. Für Boden und Öffnung helfen dir zwei Ellipsen. Ist die Tasse fertig, fülle sie mit dem Schneemann und den restlichen Details.

2

Färbe die Tasse in einem hellen Cremeton ein. Schattiere die äußeren Kanten mit mehr Farbe, um die Rundung der Tasse darzustellen.

3

Gib dem Marshmellow-Schneemann einen leichten Grauton und der Nuss ein schönes Braun.

4

Male die Nuss in einem dunklen Farbton an, schmücke deinen Schneemann mit Details und male der Zuckerstange bunte Streifen.

5

Mische dir einen schönen Braunton für die heiße Schokolade. Male ein paar Tropfnasen an den Tassenrand und einen Schokoladenfleck auf den Boden.

6

Ein hübscher Spruch auf der Tasse, ein Blatt hinter der Nuss und ein paar mehr Details runden dein Motiv perfekt ab.

= leicht

= mittel

= anspruchsvoll

Winterliche Tiere

Pinguine

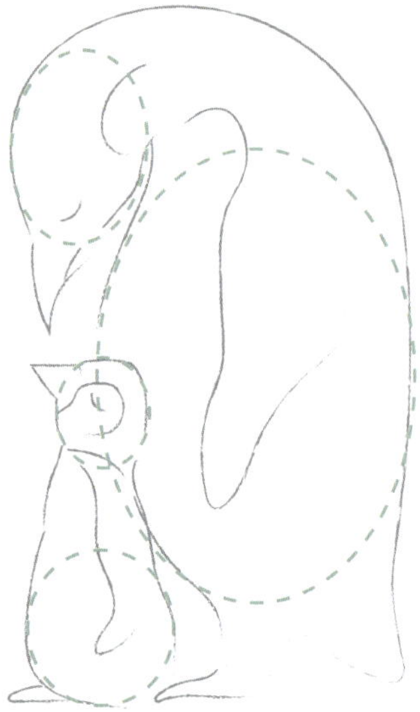

1

Skizziere die Pinguine mit Hilfe von jeweils zwei Kreisen vor und ergänze danach die Details wie Augen, Flügel und Schnäbel.

2

Male mit einem hellen Brush Pen die Schatten des großen Pinguins direkt auf das Papier. Füge danach noch die schwarzen Stellen hinzu.

3

Aktiviere und verblende die grauen Stellen mit einem Wassertankpinsel. Verblende anschließend auch die schwarzen Flächen. Danach alles gut trocknen lassen.

4

Male die bunten Stellen des großen Pinguins mit Brush Pens und gib auch dem kleinen ein wenig Farbe.

5 Verblende zum Schluss auch die anderen Stellen mit dem Wassertankpinsel und schreibe noch einen liebevollen Spruch hinzu.

Wintereule

1

Zeichne zwei Kreise leicht mit Bleistift vor und ergänze danach die Details wie Schnabel, Augen, Schal und Mütze.

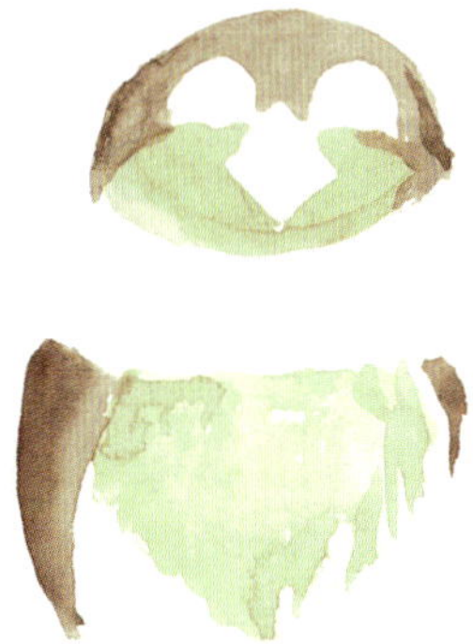

2

Beginne mit einem hellen Beige die Backen und die Brust zu malen. Füge nach dem Trocknen noch ein dunkles Braun für Flügel und Köpfchen hinzu.

3

Male mit einem hübschen Grün den Schal und die Mütze. Achte bereits jetzt schon auf Licht und Schatten und tupfe mehr Farbe in die Stellen, die im Schatten liegen.

4

Arbeite mit mehr Farbe und einem feinen Pinsel die ersten Details aus. Male die große Iris der Eulenaugen schwarz und deute mit feinen Linien die Bommel auf der Mütze an.

5

Füge noch mehr Schatten und Details hinzu und verstärke somit die Kontraste. Um Federn anzudeuten, folgst du bei den einzelnen Pinselstrichen der Form deiner Eule.

Rotkehlchen

1

Zeichne das Vögelchen mit Hilfe von zwei Kreisen leicht vor. Ergänze danach Flügel, Schnabel und Mütze.

2

Male mit einem leicht verdünnten Braunton die dunklen Stellen des Vogels. Deute mit wenigen Pinselstrichen die Schatten des Flügels an und ergänze in Orange die Brust des Rotkehlchens.

3

Verblende mit klarem Wasser die Schatten des Flügels. Male mit viel Farbe und wenig Wasser das Auge und den Schnabel und grundiere in Rot das Mützchen vor.

4

Verstärke Schicht für Schicht mit mehr Farbe die Schattierungen der Mütze, lass alles gut trocknen und deute dann ein Muster an. Arbeite in einem leichten Grau die Rundung des Körpers aus und ergänze die Beine.

Kuschelfuchs

1

Skizziere deinen Fuchs leicht vor. Beginne mit einem Kreis für den Kopf, ergänze die markanten großen Ohren und achte auf die Symmetrie von Augen und Ohren.

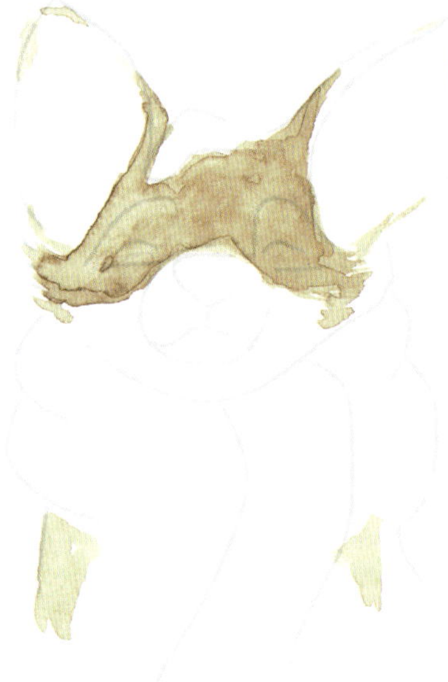

2

Starte dein Motiv mit einem leicht wässrigen Braunton und grundiere alle Flächen des Fells vor.

3

Male nach dem Trocknen in Grau die Ohren. Starte mit den Pinselstrichen im Innenohr und führe den Pinsel schwungvoll nach außen. Grundiere den Schal in Blau und male die Augen mit einem feinen Pinsel.

4

Verstärke Schicht für Schicht die Farbe des Fells, deute durch ein paar sichtbare Striche die Fellstruktur an und lass um die Augen hellere Stellen stehen. Gib der Nase mit mehr Farbe Dreidimensionalität.

5

Deute mit Hilfe einiger feiner Linien die Struktur des Schals an und male lasierend mehr Schatten darüber. Verdeutliche die Details wie Mund und Schnurrhaare des Fuchses.

Eisbär

1

Zeichne deinen Eisbären leicht vor. Beginne mit einem Kreis für den Kopf und zwei Kreisen für den Körper. Ergänze danach Details.

2

Befeuchte mit klarem Wasser die Umrisse des Eisbären und tupfe Blau für den Hintergrund hinein.

3

Male mit einem hellen Beige die ersten Schatten des Bären und ergänze, wenn alles gut getrocknet ist, die Augen, die Nase und das Maul mit Schwarz.

4

Mische in das Beige noch ein wenig Braun und verstärke die Schatten mit einem weiteren Farbauftrag.

5

Deute mit Grau die ersten Schatten der Steine an. Arbeite mit Braun und einem feinen Pinsel das Fell des Eisbären aus, hier genügen ein paar einzelne Pinselstriche.

6

Wenn du mit deinem Bären zufrieden bist, verblende die Schatten deiner Steine. Arbeite die Wasseroberfläche mit mehr Farbe aus und ergänze ein paar Gräser. Für mehr Kontraste kannst du mit weißer Gouache noch ein paar Lichtreflexionen ins Wasser einarbeiten.

Elch

1

Skizziere den Elch leicht mit Bleistift vor. Starte mit einem Kreis für den Kopf und ergänze zwei weitere für den Körper. Die Beine sind im Vergleich genauso lang wie der Körper hoch ist.

Beginne damit, den Kopf und den Hals mit klarem Wasser zu benetzen und tupfe in die feuchte Fläche des Gesichts ein wenig dunkles Braun und in den Hals Beige. Lass die Farben verlaufen und gib mehr Farbe hinzu. Verfahre beim restlichen Körper des Elchs auf dieselbe Weise.

2

3

Lass alle Stellen gut trocknen und male in Schwarz das Auge, die Nase und die Schnauze des Elchs. Misch dir einen hellen Braunton an und grundiere das Geweih.

Male das Geweih im Hintergrund in einem dunkleren Ton. Grundiere das Halfter und das Halsband in hübschen Farben vor und färbe die Glocke in einem warmen Gelb. Male anschließend noch die Hufe des Elchs in Dunkelbraun hinzu.

4

ich bin BEREIT für die
schönste Zeit des Jahres!

5

Jetzt geht es an den Feinschliff: Verleihe dem Geweih noch ein paar Schattierungen, um Dreidimensionalität zu erzeugen. Male der Glocke noch Schatten in Dunkelbraun, fülle das Halsband mit einem Muster und deute mit ein paar wenigen feinen Linien eine leichte Fellstruktur an.

Mäuschen

Zeichne deine Maus leicht vor. Starte mit einem Kreis für den Kopf und einem weiteren für den Körper. Ergänze danach die Details. Achte auf die Perspektive, da die Maus leicht gedreht ist.

1

2 Mische dir auf der Palette einen hübschen Braunton für dein Mäuschen an und verwende diese Farbe mit Wasser verdünnt für die erste Schicht.

Färbe den Käse in einem knalligen Rot. Spare die Schleife und das Innere des Käses vorerst aus. Gib im Anschluss der Hose eine schöne Farbe.

3

4 Wenn alle Flächen gut getrocknet sind, kannst du die Schleife und die Jacke grün färben. Beginne mit einer, mit Wasser verdünnten, Schicht und betone mit weiteren Farbschichten die Schattierungen.

Male das Innere des Käses. Beginne mit Gelb und füge mit Orange noch Punkte für die Löcher hinzu. Gib der Hose dunkelblaue Streifen und dem Schal schöne Farben. Arbeite zum Schluss mit einem feinen Pinsel noch das Gesicht aus und verstärke die Kontraste, falls nötig, mit zusätzlichen Farbschichten.

5

Winterhäschen

1

Zeichne dir dein Häschen leicht vor. Beginne mit einem Kreis für den Kopf und zwei weiteren für den Körper. Ergänze danach Gesicht, Ohren und Beine.

2

Befeuchte mit klarem Wasser den Hintergrund rund um dein Motiv. Mische supergranulierende Farbe an und tupfe sie mit dem Pinsel entlang der Kontur des Hasens. Lass die Farbe fließen und schiebe die Pigmente in die Richtung, die du möchtest.

3

Verdünne ein wenig Schwarz mit Wasser zu Grau und male die ersten Schatten des Häschens. Ergänze mit Schwarz und einem feinen Pinsel die Augen.

4

Deute durch einzelne feine Linien das Fell des Häschens an, arbeite die Schatten mehr aus und gib ihm noch ein Schnäuzchen.

Ergänze noch die Härchen an der Nase und male mit einem weißen Gelroller oder Gouache ein paar Schneeflocken auf den getrockneten Hintergrund.

5

Eichhörnchen

1

Skizziere zuerst zwei Kreise für Kopf und Körper vor und ergänze dann Gesicht, Körper und den Pullover deines Eichhörnchens.

2

Bedecke alle Glühbirnen der Lichterkette mit Maskierflüssigkeit und lasse sie gut trocken. Färbe im Anschluss das Fell des Eichhörnchens in einem dunklen Braunton.

3

Grundiere den Pullover in einem schönen Blau und male dem Eichhörnchen mit einem feinen Pinsel die Augen, Nase und Mund.

Verleih deinem Eichhörnchen mit mehr Farbe deutlichere Schattierungen und Details. Lass alles gut trocknen und entferne vorsichtig die Maskierungsflüssigkeit.

4

5

Male alle Lichter deiner Lichterkette in einem leuchtenden Gelb, gib ihnen mit Orange einen leichten Schatten und verbinde die Lichter mit einer schwarzen Linie.

5 Zeit für den Feinschliff: Arbeite mit einer weiteren Schicht Farbe die Schattierungen weiter aus. Mehr Braun für das Eichhörnchen, feine Linien, um Härchen anzudeuten und einen Schatten unter die Lichterkette an allen Stellen, an denen die Lichterkette das Eichhörnchen berührt.

Weihnachtshund

Zeichne den Hund mit Bleistift leicht vor. Starte mit einem Kreis für den Kopf und einem weiteren für die Schnauze.

1

2

Mische dir einen schönen Braunton an und male die erste Schicht der braunen Stellen. Verwende mehr Farbe an den Stellen, die später im Schatten liegen sollen.

3

Male in Grau die erste Schicht für die Nase, deute die Schatten am Hals an, male in die Ecken der Schnauze zwei graue Flecken und gib dem Hund einen Mund.

4

Male mit Schwarz die Pupillen, spare entweder die Lichtpunkte aus oder setze sie später mit weißer Gouache darauf. Verstärke die Form der Nase duch eine weitere Schicht Schwarz und male die Nasenlöcher.

5

Trage eine weitere Schicht Braun für mehr Schatten auf, wellige Linien deuten auf den Ohren das lockige Fell an. Lass ein paar Härchen links und rechts von den Ohren abstehen, um es natürlicher aussehen zu lassen.

6

Male mit Schwarz die Schattierungen um die Augen, deute durch feine Linien das Fell des Kopfes an und setze mit einem weißen Gelroller Highlights am Fell der Ohren.

7

Wenn du mit deinem Hund zufrieden bist, kannst du dich jetzt dem weihnachtlichen Kopfschmuck widmen. Male den Haarreif in Grün und grundiere in einem warmen Gelb die Glöckchen vor.

8

Gib den Elchöhrchen eine rote Grundierung und setze mit Dunkelgrün die Schatten für den Haarreif.

9

Male mit einem kräftigeren Rotton die zweite Schicht der Öhrchen und ergänze die Schatten mit einem dunklen Braunton. Noch ein paar Schatten für die Glöckchen und fertig ist dein Weihnachtshund!

= leicht = mittel = anspruchsvoll

Im Winter unterwegs

Winterwald

Horizontlinie

1

Für dieses Motiv benötigen wir keine Skizze. Plane jedoch vor Beginn, wo du ungefähr deine Bäume platzieren möchtest. Das kannst du gedanklich machen oder mit Hilfe einer gezeichneten Horizontlinie.

2

Beginne mit viel Wasser und wenig Farbe die Bäume zu malen. Starte jeweils an den Baumwipfeln und verblende die Farbe unten so, dass sie schön ins Weiß ausläuft.

3

Lass den Hintergrund gut trocknen und male die zweite Baumreihe mit mehr Blau.

4

Wenn alles getrocknet ist, können die finalen Bäume gemalt werden. Verwende viel Farbe und wenig Wasser.

5

Verblende vorsichtig die Stellen, die dir noch nicht gefallen und sorge mit ein paar Pinselspritzern für Schneeflocken.

Schneemann

1

Skizziere dir deinen Schneemann leicht mit Bleistift vor. Beginne mit drei Kreisen für Kopf, Brust und Körper und ergänze danach die Details.

Befeuchte mit klarem Wasser die einzelnen Kugeln des Schneemanns und tupfe mit einem hellen Blau die ersten Schatten in die Flächen. Für ein natürlicheres Aussehen mischst du noch ein wenig Braun hinzu.

2

3

Lass alles gut trocknen und füge dann die Mütze und die Karottennase in einem Orangeton hinzu. Male in einem hellen Grau die Schatten des Schals.

4

Dekoriere den Schal mit ein paar Streifen, male mit Braun die Äste für die Arme und mit Grau die Augen, den Mund und die Knöpfe des Schneemanns.

LOVE never MELTS

5

Verstärke Licht und Schatten durch mehr Farbe. Arbeite mit einem feinen Pinsel noch ein paar Details aus.

Christbaum

1

Zeichne einen Kegel für den Christbaum vor. Ergänze dann mit leichten Bleistiftstrichen die Deko und Geschenke.

2

Färbe die Tannenzweige in einem hellen Grün. Gib dem Grün Zeit zum Trocknen, bevor du weitermalst.

3

Mische dir ein schönes Rot und Gelb an und färbe die Kugeln, Sterne und Geschenke. Male mit einem hellen Grau die Schatten des Topfes.

4

Verstärke mit mehr Farbe die Schatten und Strukturen der Tannenzweige, male den Geschenken Muster und dem Topf ein paar Streifen.

Winterlicher Kranz

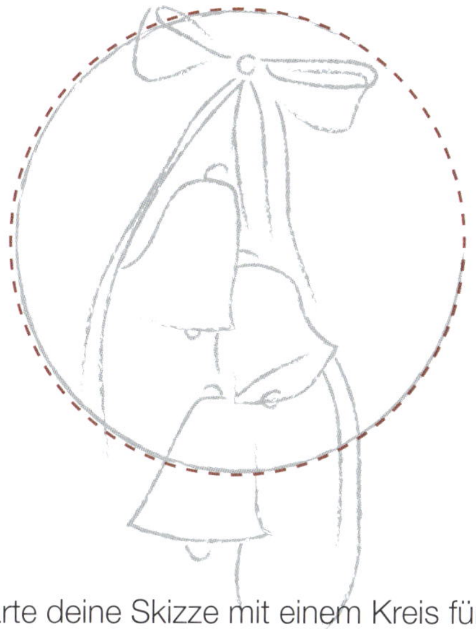

❶ Starte deine Skizze mit einem Kreis für den Kranz und ergänze danach Schleife und Glocken.

❷ Male mit Grün den Kranz. Starte mit hellgrünen Strichen und ergänze nach und nach mehr Farbe. Durch einzelne Pinselstriche deutest du ganz einfach die einzelnen Zweige an.

❸ Lass den Kranz gut trocknen und male danach mit einem hellen Gelbton die Glöckchen. Gib der Schleife in einem hellen Grau die ersten Schattierungen.

❹ Verleihe den Glocken durch einen warmen Braunton ein paar Schatten und Dreidimensionalität. Arbeite danach mit einem feinen Pinsel und kräftigeren Farben die restlichen Details aus.

Zweige

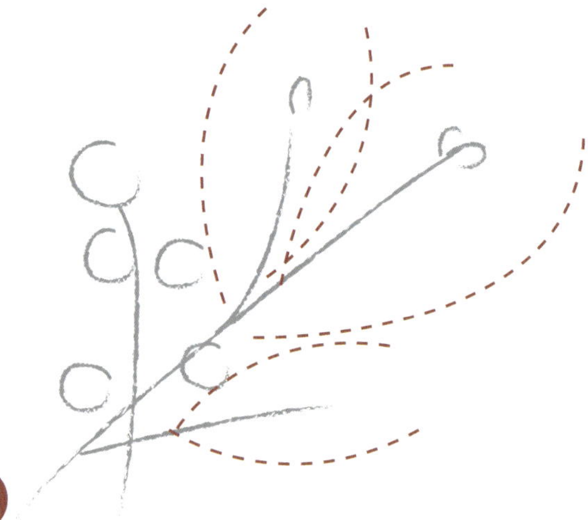

1

Zeichne mit Bleistift nur die Äste und Beeren vor.

2

Beginne mit einem hellen Braun die Äste vorzumalen. Ergänze danach die Beeren in einem schönen Rotton.

3

Misch zwei unterschiedliche Grüntöne. Beginne mit dem helleren Grün und einem feinen Pinsel, die Nadeln zu malen. Starte beim Ast und ziehe die Schwünge nach außen.

4

Male danach ein paar dunklere Nadeln hinzu und ergänze mit Braun den Zweig der Beeren.

5

Verleihe den Ästen mit Dunkelbraun mehr Struktur – fertig sind deine Zweige.

Waldhütte

1

Zeichne die Hütte leicht
mit Bleistift vor. Deute zur Orientierung nur leicht die Stämme der Bäume und die Schneehügel an.

2

Male mit einen schönen Grünton die Bäume im Hintergrund. Starte mit einer Linie für den Stamm und male vom Stamm nach außen nach und nach die einzelnen Zweige.

3

Mische dir einen schönen Braunton an und fülle damit die ersten Flächen deiner Hütte. Spare den Rahmen für die Fenster, die Tür und die Dachbalken aus, um ihnen später einen hellen Farbton zu geben.

4

Mit einem hellen Braunton kannst du jetzt den Holzstoß, die Veranda und Dachbalken grundieren. Achte aber darauf, dass die anderen Flächen trocken sind, bevor du loslegst.

5

Gib dem Schnee mit einem hellen Blau erste Schattierungen und male mit einem feinen Pinsel und einem dunklen Braun die Balken der Hütte.

6

Verfeinere dein Motiv durch feine Linien, mehr Schatten und Strukturen. Halte für die Holzoptik einen feinen Pinsel ganz locker in der Hand und lasse ihn immer nur ganz leicht über das Papier gleiten.

Mistelzweig

1

Zeichne den Mistelzweig leicht mit Bleistift vor. Beginne mit den Ästen, dann kommen die Beeren und zuletzt die Blätter.

2

Starte mit dem linken Zweig in einem hübschen Grünton. Male anschließend den Zweig ganz rechts hinzu.

3

Wenn beide Zweige getrocknet sind, kann der dritte Zweig in der Mitte gemalt werden.

4

Male die Beeren in einem hellen Beigeton und verstärke die Schatten der Zweige durch mehr Farbe.

5

Verstärke Licht und Schatten und arbeite noch ein paar Details aus.

Weihnachtsstern

1

Zeichne zuerst einen Kreis für deinen Weihnachtsstern. Skizziere dann von der Mitte ausgehend nach außen die einzelnen Blätter ein.

2

Male die ersten Blätter in einem verdünnten Rotton. Achte darauf, dass du nur Blütenblätter malst, die sich nicht berühren.

3

Male nach dem Trocknen mit mehr Farbe und weniger Wasser die Blüten in den Zwischenräumen.

4

Fülle danach mit unterschiedlichen Rottönen noch die restlichen Blüten und male die grünen Blätter hinzu.

5 Lass alles gut trocknen, bevor du mit einem feinen Pinsel die Blattadern und weitere Details malst.

Wintermarkt

1

Zeichne den Marktstand leicht mit Bleistift vor. Beginne mit der Grundform und erweitere deine Skizze nach und nach mit Details. Schmücke sie erst zum Schluss mit Dekoration und Accessoires.

2

Mische dir einen Braunton und einen hellen Beigeton an und fülle die Balken des Standes mit Dunkelbraun. Lass alles gut trocknen bevor du die hellen Flächen malst.

3

Färbe die Schiefertafel mit einem, mit Wasser verdünnten, Schwarz. Gib den Glühbirnen Farbe und male die Tassen und den Topf.

4

Wenn alle Elemente getrocknet sind, male mit Grün die Girlanden und färbe die Rückwand des Standes in Dunkelbraun.

5 Arbeite mit viel Farbe und wenig Wasser die Details und Schatten aus und schreibe noch etwas auf die Schilder deiner Wintermarkt-Hütte

Winter in der Stadt

1

Zeichne deine kleine Stadt leicht mit Bleistift vor. Beginne mit den Häuschen und ergänze dann Fenster, Bäumchen und Hügel. Trage auf alle Glühbirnen der Lichterketten Maskierflüssigkeit auf.

2

Färbe die ersten zwei Häuser in hübschen Brauntönen und verleihe den beschneiten Büschen mit einem hellen Blauton die ersten Schatten. Achte darauf, dass sich bei allen Elementen der Schatten auf der gleichen Seite befindet.

3

Wenn alles gut getrocknet ist, malst du das letzte Häuschen. Befeuchte den Hügel mit klarem Wasser und lass von oben nach unten Farbe in die Fläche verlaufen. Tupfe für intensivere Schatten mehr Farbe hinein.

4

Färbe ein paar Fenster in einem dunklen Blauton und die anderen in einem warmen Gelbton. So wirken sie später, als wäre Licht an. Wenn alles gut getrocknet ist, kannst du vorsichtig die maskierten Stellen freirubbeln.

5 Male mit Gelb und Rot die Glühbirnen der Lichterkette und verbinde sie mit einer feinen Linie. Fertig ist deine kleine, winterliche Stadt!

Buchempfehlungen für Dich

Noch mehr spannende Bücher zum Thema Zeichnen gesucht?

ISBN 978-3-7724-8343-1

ISBN 978-3-7724-8378-3

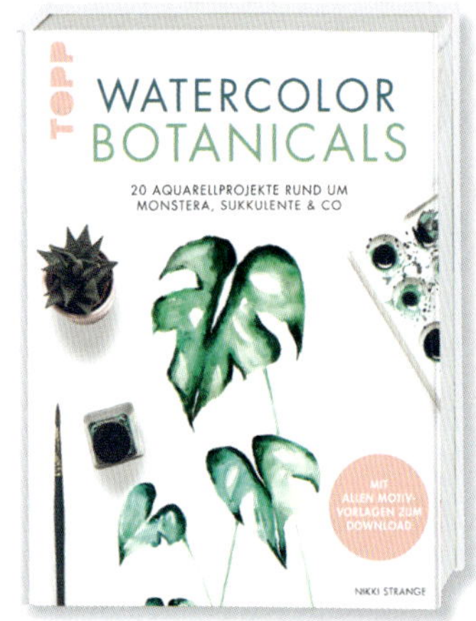

ISBN 978-3-7724-8368-4

ISBN 978-3-7724-8318-9

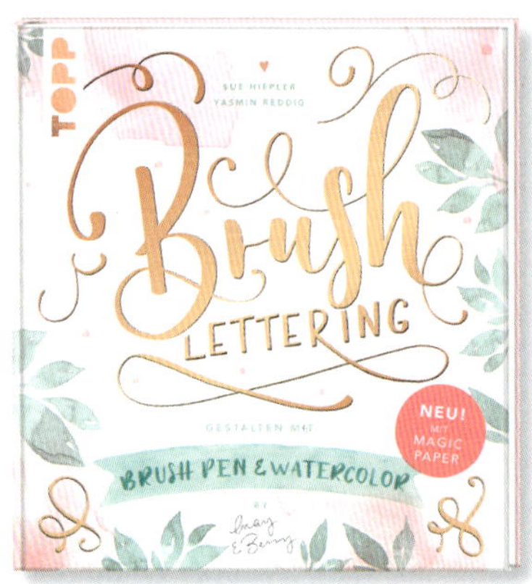

ISBN 978-3-7724-8336-3

ISBN 978-3-7724-4719-8

Weitere Kreativ-Bücher findest du auf www.TOPP-kreativ.de

#TOPPPROJEKT

Die eigene Kreativität zeigen: TOPPprojekt mit anderen Kreativen teilen und Teil der Gemeinschaft werden.

DIY-begeistert und auf Instagram? Dann unbedingt mitmachen! Hier gibt's Tipps und Feedback zu den eigenen Projekten. Außerdem verlosen wir jeden Monat ein Überraschungspaket. Um am Gewinnspiel teilzunehmen, einfach ein Bild vom Kreativ-Projekt aus unseren Büchern mit #TOPPprojekt posten und unserem Account @frechverlag folgen. Mehr Infos auf TOPP-kreativ.de/TOPPprojekt

Website
Auf TOPP-kreativ.de kannst du ein riesiges Angebot von über 1.000 Kreativbüchern, Sets & mehr entdecken.

Newsletter
Gleich anmelden unter: TOPP-kreativ.de/newsletter und immer als Erstes von unseren Neuheiten und Sonderaktionen erfahren.

Instagram
@frechverlag

Pinterest
pinterest.com/frechverlag

Facebook
facebook.com/frechverlag

DigiBib
Hier findest du zusätzlich zu vielen unserer Bücher digitale Extras, wie Video-Tutorials, Plotter-Dateien, Vorlagen, Übungsblätter & vieles mehr. Einfach im Impressum deines TOPP-Buchs den Freischalte-Code nachschlagen und exklusive Inhalte freischalten. TOPP-kreativ.de/digibib

Youtube
youtube.com/frechverlag

Hallo, mein Name ist Tanja, ich bin Grafikdesignerin und Illustratorin. Zusammen mit meiner Familie und unserem Hund lebe ich im schönen Münchner Umland. Die natürliche Schönheit der Wälder, Seen und Berge in dieser Gegend dient mir als unerschöpfliche Quelle der Inspiration für neue Motive.

Nach langjähriger Erfahrung als Art Directorin in mehreren namhaften Werbeagenturen, habe ich mich dazu entschieden, mit meinem eigenen Atelier namens „NiceDay“ und meinem Onlineshop „GeliebtesChaos“ selbstständig zu werden. Seitdem widme ich jeden Tag meiner Leidenschaft, indem ich mit Farben, Papier und Stiften meinen Alltag gestalte.

Fast täglich lade Ich meine Follower auf Instagram und YouTube dazu ein, mich auf meiner kreativen Reise zu begleiten. Dort gewähre ich ihnen Einblicke hinter die Kulissen meiner Arbeit und biete Tutorials zum Mitmachen und Lernen an. Schau doch mal vorbei und lass dich von meiner Welt der Kreativität inspirieren.

Impressum

KONZEPT UND PRODUKTMANAGEMENT: Jessica Cremer

LEKTORAT: Betz Lektorat + Redaktion, Tübingen

UMSCHLAGGESTALTUNG: Eva Hook

HERSTELLUNG: Jessica Siebert

LAYOUT, ILLUSTRATION UND KONZEPTION: Tanja Geier, München

Fotos Tanja Geier: S. 8-10; S. 15; S. 19; S. 21; S. 51; S. 77; S. 83; S. 87; S. 89; S. 91; S. 97; S. 109; S. 111

Stockfotos: S. 23 @freepik; S. 25 @freepik; S. 27 @freepik; S.29 @freepik; S. 31 @freepik; S. 33 @freepik; S. 35 @AobeStock_mikeos-photo; S.37 @freepik; S.41 @freepik; S. 42 @AdobeStock_alekuwka83; S.45 @freepik; S. 53 @freepik; S. 54 @AdobeStock_Vanitòjan; S. 60 @freepik; S. 63 @AdobeStock_tabitazn; S. 64-66 @AdobeStock_jd-photodesign; S 67 @freepik; S. 69 @freepik; S. 73 @freepik, S. 81 @freepik; S. 85 @freepik; S. 95 @freepik; S. 103 @freepik; S, 105 @freepik; S. 107 @AdobeStock_nikavera; S. 113 @ freepik

DRUCK UND BINDUNG: DZS Grafik, Slowenien

2. Auflage 2023

ISBN 978-3-7358-8076-5 · Best.-Nr. 28076

MIX
Papier | Fördert gute Waldnutzung
FSC® C106600

Penguin Random House Verlagsgruppe
FSC® N001967